SOUVENIRS

DE LA

GUERRE DU MEXIQUE

1862-1867

LE COMBAT DE CAMÉRONE 1ᵉʳ MAI 1863

LA PRISE DE PUEBLA 17 MAI 1863

Par Abel HUARD

ORLÉANS
IMPRIMERIE Auguste GOUT et Cⁱᵉ
PASSAGE DU LOIRET

—

1906

SOUVENIRS

DE LA

GUERRE DU MEXIQUE

1862-1867

LE COMBAT DE CAMÉRONE 1ᴱᴿ MAI 1863

LA PRISE DE PUEBLA 17 MAI 1863

Par Abel HUARD

ORLÉANS
IMPRIMERIE Auguste GOUT et Cⁱᵉ
PASSAGE DU LOIRET

1906

(Extrait des *Mémoires de la Société d'Agriculture, Sciences, Belles-Lettres et Arts d'Orléans*)

SOUVENIRS
DE
LA GUERRE DU MEXIQUE

1862-1867

LE COMBAT DE CAMÉRONE 1er MAI 1863

LA PRISE DE PUEBLA 17 MAI 1863

Quand l'homme a dépassé la moitié de la vie, quand il commence à descendre cet autre versant de la montagne, dont il a gravi les premières pentes, le sourire sur les lèvres et la joie au cœur, il aime à remonter le cours des ans et à vivre du passé.

C'est ainsi que dans le silence nocturne, lorsque le sommeil fuit les paupières, j'éprouve un charme mélancolique à laisser ma pensée s'égarer à travers l'espace ; et alors, comme dans un brillant mirage, je revois le Sahara algérien avec son ciel bleu et son soleil de feu, avec ses ksours aux blancs minarets, ses sources limpides où viennent puiser les brunes filles de l'oasis ; j'entends le sifflement du simoun et le chant des chameliers. Puis le paysage change ; c'est maintenant la terre du Mexique qui s'offre à mes regards, cette contrée mystérieuse des Toltèques et des Atzèques, qui vit naître et mourir Montézuma et Guatimozin ; je revois les routes poudreuses qui conduisent de la Vera-Cruz au Rio Grande del Norte, du golfe du Mexique au Texas, et que j'ai parcourues en compagnie des zouaves à la rouge coiffure, et des chasseurs d'Afrique au dolman bleu. Je me rappelle, non sans émotion, nos campements pittoresques sur le tapis vert de la prairie, dans la clairière des bois sombres, dans les gorges des Sierras, ou sous les arcades d'un vieux cloître en ruines.

J'appartenais alors, en qualité de volontaire, à la légion étrangère. Singulier régiment, où la diversité des langues évoquait le souvenir de la tour de Babel, où toutes les classes de la société, toutes les races étaient représentées. Il y avait là des Belges, des Français, des Italiens, des Américains, des Anglais, des Espagnols, des nègres, et même des habitants du Céleste-Empire. Et parmi ces descendants de Sem, Cham et Japhet, il y avait des comtes, des princes, des bacheliers, des docteurs en droit ; mais on y voyait aussi des prêtres défroqués, des forçats en rupture de ban, des Corses qui avaient « fait une peau », comme on dit chez eux, et avaient préféré la vie du régiment à la solitude des mâquis. Mais tous avaient une qualité commune : le mépris de la mort et l'intrépidité au feu.

L'auteur de ces lignes n'ayant débarqué à la Vera-Cruz que postérieurement à l'époque où se sont passés les glorieux épisodes qui font l'objet de ce récit, ne peut dire de lui, comme le poète latin : *et quorum pars magna fui* ; il est obligé de se contenter du rôle plus modeste de conteur ; et dans la crainte que les Muses ne répondent pas favorablement à l'invocation qu'il leur a adressée, à l'exemple d'Homère au début de l'*Iliade*, il prie le lecteur d'être indulgent.

Il y a dans les terres chaudes du Mexique, à quelques

lieues seulement de la Vera-Cruz, un tertre funéraire où reposent, depuis le 1er mai 1863, couchés là par le vent des batailles, les deux tiers d'une compagnie de la légion comprenant soixante-deux hommes et trois officiers. Aussi, jusqu'à l'évacuation du Mexique par le dernier soldat, pas un drapeau qui ne s'inclinât au passage, pas un détachement qui ne présentât les armes, et ne saluât d'un dernier adieu les camarades tombés. Capitaine Danjou, lieutenants Vilain et Maudet, et vous sous-officiers et soldats qui dormez votre dernier sommeil sur la terre étrangère, vos noms vivront éternellement dans nos mémoires, entourés d'une brillante auréole. La gloire est le soleil des morts.

Puebla, dont le général Lorencez s'était vu forcé de lever le siège le 5 mai 1862, avait été investi de nouveau le 16 mars 1863 par le général Forey.

Vers la fin d'avril, un convoi portant trois millions de francs, et un autre chargé de munitions lui étaient envoyés de la Vera-Cruz. Prévenu du fait, le général Milan, qui commandait les guérillas des terres chaudes, résolut de les enlever, et s'embusqua près de la route avec 800 cavaliers et 1,200 fantassins.

Le 30 du même mois (1), une compagnie du régiment étranger, capitaine Danjou, forte de soixante hommes et de trois officiers, partait en reconnaissance. L'embuscade avait été justement dressée dans le voisinage. Le capitaine Danjou ignorait la présence d'une troupe aussi considérable.

Le départ avait eu lieu entre une heure et deux heures du matin. Nos soldats cheminaient gaiement, l'entrain coutumier avait vite remplacé la mauvaise humeur bien

---

(1) *Guerre du Mexique,*, par M. Niox, capitaine d'état-major, librairie militaire Dumaine, Paris, 1874.

naturelle au troupier réveillé en plein sommeil et contraint de mettre sac au dos. Les uns causaient, les autres ne disaient rien et pensaient au pays natal. Certains, les yeux fixés au firmament admiraient les constellations du Nouveau-Monde ; mais la majorité, je dois le dire, obéissant à des considérations d'un ordre moins élevé, ne pensait qu'à la halte prochaine, et à remplir le vide d'un estomac dont cette promenade nocturne avait singulièrement accru les exigences. Aussi, fut-ce avec la plus grande satisfaction, qu'arrivée à un endroit qu'on appelle Palo-Verde, la petite colonne reçut l'ordre de s'arrêter et de préparer le café traditionnel. Il était environ six heures et demie du matin. Le feu, je n'ai pas besoin de le dire, fut poussé avec vigueur, déjà l'eau chantait dans les marmites, et l'on allait passer de la période de préparation à celle de l'action ! Hélas, comme dit le proverbe, il y a quelquefois loin de la coupe aux lèvres ! Juste au moment où les cuisiniers des escouades eussent été en droit d'annoncer, comme dans le grand monde : « Ces messieurs sont servis », les huit cents cavaliers de l'embuscade arrivaient à fond de train. Nos malheureux soldats eurent à peine le temps de rompre les faisceaux et de donner un coup de pied dans les marmites. Voilà un café dont la digestion nous sera facile, murmura tristement un vieux légionnaire. Le capitaine Danjou fit former le carré, et ce fut contre une ligne hérissée de baïonnettes que, semblable à ces vagues qui, soulevées par un raz de marée, viennent se briser contre les récifs, cette tempête de chevaux vint se heurter. Quelques secondes avant que le choc n'eût lieu, à cent pas de distance environ, on avait entendu un commandement bref : premier rang, feu ! Alors, un rideau de flammes avait illuminé le front de bandière et une trouée s'était faite dans les rangs mexicains ; puis le second rang fit feu à son tour ; la trouée s'élargit ; et par cette brèche vivante, la compagnie se précipite, traverse la ligne ennemie de part en part, et gagne rapidement les maisons du village, afin de s'y retrancher.

Il y avait dans les bâtiments où le capitaine Danjou s'était réfugié, une cour carrée de cinquante mètres de côté, dont une face, celle qui bordait la route, était formée par un corps de logis divisé en plusieurs chambres. Le capitaine occupa la cour et la chambre située à l'un des angles. Au même moment, l'ennemi pénétrait dans une pièce située à l'extrémité opposée.

Il est neuf heures du matin ; sommé de se rendre, Danjou fait une de ces réponses à la Cambronne que la postérité ne nous a pas transmise. Puis il charge à la tête de sa troupe, et tombe mortellement frappé. Le lieutenant Vilain prend sa place. Le général Milan croit le moment favorable ; nouvelle sommation, nouveau refus. Et cependant, les estomacs étaient vides depuis la veille ; la faim et la soif torturaient nos malheureux soldats. Si seulement, s'écria un vieux briscard, ces peaux jaunes de mexicains avaient eu l'idée, en place de sommation, de nous proposer une suspension d'armes avec une invitation à déjeûner !

J'ai bien peur, ajouta-t-il avec mélancolie, qu'il ne nous faille dire un adieu définitif ici-bas aux jouissances de la table, et que nous n'allions tous ce soir souper chez Pluton comme Léonidas et ses trois cents spartiates. Une balle qui l'atteignit en plein front coupa brusquement la parole à l'orateur, et l'envoya dans un monde meilleur préparer le logement et la nourriture. L'ennemi venait de faire brèche à l'une des faces et prenait la compagnie à revers ; à midi, une lueur d'espoir ! On entend des bruits de tambours et des sonneries de clairons. Est-ce le secours qui arrive ? hélas non ! Ce sont des clairons mexicains qui jouent l'air national. Douze cents fantassins suivent par derrière. La prudence est la mère de la sûreté. Le général Milan craignant que les huit cents hommes qu'il commandait ne fussent insuffisants pour en vaincre soixante, avait demandé du renfort. Quel plus bel éloge de la valeur de nos soldats! Au chant national mexicain, ils répondent par la *Marseillaise*. Le lieutenant Vilain est tué; le sous-lieutenant Maudet prend le commandement. Quatrième sommation, quatrième refus! C'est la consigne du jour; on lui obéira jusqu'à la mort. La situation est affreuse. Pour ajouter aux horreurs de cette scène, l'ennemi a mis le feu à un hangar! Malgré les flammes et la fumée, on se maintient aux créneaux et aux brèches. Mais le nombre des défenseurs diminue rapidement. Presque tous les survivants sont blessés, et cependant la lutte continue quand même, désormais sans espoir mais silencieuse et digne. La poésie de la mort qui plane sur le champ de bataille donne aux traits des combattants un caractère épique. Camarades, s'écrie alors le sous-lieutenant Maudet, il ne s'agit plus de vaincre mais de bien mourir. Le capitaine Danjou et le lieutenant Vilain nous ont montré la route à suivre. C'est le chemin de la gloire; allons les rejoindre; et par les portes toutes grandes ouvertes, au cri de : Vive la France, au son du dernier tambour battant la charge, tous se précipitent; ils furent accueillis par un feu de bataillon qui en coucha la moitié par terre. Le reste fut fait prisonnier. Le sous-lieutenant Maudet tomba l'un des premiers mortellement blessé, il mourut le lendemain, seul, un tambour laissé pour mort, fut recueilli par une reconnaissance de la légion, et put donner les détails que l'on vient de lire, vingt-trois hommes, trois officiers avaient été tués, vingt hommes blessés. De leur côté, les Mexicains avaient eu trois cents des leurs hors de combat. Le général Milan fut tellement impressionné par cette héroïque défense, qu'il laissa passer les deux convois sans oser les attaquer.

Ce fut heureux pour nous ; car le général Forey qui avait investi Puebla depuis le 16 mars 1863, attendait les convois avec impatience ; on sait que c'est au manque de munitions qu'il faut attribuer notre premier échec devant cette ville.

Le combat de Camérone a donc préparé la prise de Puebla, et comme nous nous proposons de raconter les péripéties de la lutte sanglante qui a amené sa capitulation, nous suivrons la même route que les convois. Le chemin du reste est des plus pittoresques, et si la promenade parait un peu longue au lecteur, il devra s'en prendre à la plume de l'auteur, impuissante à décrire, comme elles le méritent, les merveilles du paysage. De Camérone on arrive à Paso-Ancho, petit village sans importance, puis au Rio-Chiquite, où viennent aboutir les derniers contreforts du pic d'Orizaba. Cette rivière forme la limite des terres chaudes, pays plat, sans culture, qui s'étend jusqu'à vingt lieues de la Véra-Cruz. Pendant la saison des pluies, de mai à septembre, il se transforme en marécages, dont les émanations pestilentielles, engendrent cette terrible fièvre si connue sous le nom de « *Vomito negro* ». Lorsqu'on a gravi les pentes du Chiquite, on entre dans la zone des terres tempérées dont Cordova et Orizaba sont les villes principales, et où la température moyenne varie de 20 à 23 degrés. Là, le paysage change complètement ; ce ne sont plus les contrées désolées, les villages misérables, et les cases en bois des terres chaudes ; ce sont au contraire de magnifiques haciendas, de riches plantations de café, de canne à sucre, d'oliviers, de maïs, de verdoyantes forêts où poussent à l'envi le goyavier, le bananier, l'oranger, le cacaoyer avec lequel on fabrique ce chocolat parfumé de vanille, mets essentiellement mexicain, dont

1.

l'empereur Montézuma offrit, dit-on, une tasse à Fernand Cortez. On a pénétré dans une contrée enchantée, dans le pays des fruits d'or et des roses vermeilles. On campe, on couche sous la verdure, sous un ciel parsemé d'étoiles, qui sèment des étincelles diamantées sur l'azur du firmament. On dort, bercé par le bruit cristallin des cascades, respirant le parfum des plantes embaumées. Il y a cependant une ombre au tableau ; quelques serpents à sonnettes ont élu domicile dans cet Eden qui rappelle le paradis terrestre. Cet animal, lui aussi, adore la belle nature ; c'est son droit, et il serait injuste de le lui contester.

C'est au milieu de cette région luxuriante, que sont situées les villes de Cordova et d'Orizaba. Cette dernière la plus importante possède trente mille habitants ; c'est la capitale des terres tempérées. Elle est située à mi-chemin entre la Véra-Cruz et Puebla, et n'est qu'à neuf étapes de cette dernière ville. De hautes montagnes la couronnent au nord, qui sont dominées à leur tour par le pic d'Orizaba dont la cime couverte de neiges éternelles s'élève à 5,400 mètres.

C'est là qu'au mois de mai 1862, après son échec devant Puebla, le général de Lorencez vint établir son quartier général qu'il devait quitter quelques mois plus tard pour rentrer en France. On doit lui savoir gré de la façon habile et prudente dont il su diriger la retraite, et aussi des efforts couronnés de succès, grâce auxquels il sut non seulement organiser la défense, mais encore relever le moral du soldat, et combattre la nostalgie, à l'aide de deux distractions dont l'efficacité ne peut être méconnue : la musique et le théâtre.

Et à ce propos, puisque nous accomplissons une sorte de marche militaire, ne pourrions-nous, comme on dit au régiment, faire séjour dans cette ville, et donner brièvement sur les représentations hebdomadaires qui y furent organisées par la garnison, quelques détails dont le lecteur nous saurait gré (1).

Il excusera donc, nous l'espérons, cette courte digression. Au reste, la prise de Puebla devant clore ce récit, ne serait après tout que la continuation du spectacle, on aurait eu ainsi la petite pièce avant la grande, la fiction avant la réalité, le vaudeville avant la tragédie guerrière.

La salle de théâtre, simple, mais bien aérée, bien éclairée, était très convenable. Les premières loges étaient réservées aux familles mexicaines, le parterre à nos officiers et les galeries supérieures à nos soldats.

Un jour du mois d'août 1862, il y avait répétition générale de « Michel et Christine ».

Cette pièce rappelle un peu la fable de La Fontaine : Deux coqs vivaient en paix; une poule survint, voilà la guerre allumée. Michel et le soldat Stanislas étaient unis par les liens d'une étroite amitié. Christine parut; tous deux l'aimèrent; mais celle-ci n'ayant qu'un seul cœur le donna à Michel. Qu'allait-il en résulter ? un duel, un dénouement fatal ! non; Stanislas était un cœur d'or, d'une générosité dont on n'a pas idée. C'est ainsi que non seulement il laisse le champ libre à son rival, mais encore il lui donne de l'argent pour monter son ménage ; il consacre à cette libéralité une somme de six mille francs, dont son colonel avant de mourir lui avait fait cadeau sur le champ de bataille ; il venait justement de chanter le fameux couplet :

« Du haut du ciel, ta demeure dernière
« Mon colonel, tu dois être content. »

Quand on cria du fond de la salle : Aux armes, les enfants, on se bat aux avant-postes.

(1) *Guerre du Mexique* — 1862. Combat et retraite des six mille, par le prince Georges BIBESCO.

La nouvelle était vraie. On juge de l'effet produit! Le souffleur bondit hors de son trou, comme s'il eut été piqué de la tarentule. Le chef d'orchestre qui était en train de battre la mesure, brisa son archet dans un mouvement nerveux. Immédiatement et sur son ordre les musiciens attaquèrent et enlevèrent avec un merveilleux brio l'air du pas de charge à la baïonnette. Bref, ce fut un branle-bas général. Le parterre et les galeries se vidèrent en un clin d'œil, mais ce fut sur la scène que se passèrent les incidents les plus comiques. On venait de répéter avant Michel et Christine une autre pièce : « La permission de dix heures. »

Les acteurs qui se trouvaient dans les coulisses apparurent incomplètement déshabillés : Madame Jobin, la belle passementière, en pantalon de zouave, corsage et bonnet bleu, Nicole en jupon et bonnet rose, etc. Tous se précipitent dans les loges pour y reprendre leurs vêtements. Mais dans la précipitation, il y eût des erreurs de commises; il y eût quelques habits qui craquèrent dans le dos, par suite de l'embonpoint supérieur des nouveaux occupants; il y eût quelques pantalons mis à la façon du roi Dagobert, enfin, un soldat de la ligne poussa la distraction jusqu'à sortir portant à la place du képi réglementaire le bonnet de coton du roi d'Yvetot qui figurait parmi les accessoires. Cinq minutes après, tous les artistes étaient à leur poste de combat.

Ce n'était heureusement qu'une simple alerte. L'ennemi avait été si vigoureusement reçu qu'il était déjà reparti. Seul, Stanislas eût la jambe écorchée par une balle.

Le même jour, le soir, eût lieu la représentation de « Michel et Christine » qui avait été répétée dans l'après-midi. Stanislas joua son rôle dans la perfection ; sa blessure légère, sa claudication gracieuse lui valurent à plusieurs reprises les applaudissements de toute la salle.

En octobre 1862, on joua Fich-ton-Kan pièce chinoise, avec des jets d'eau jaillissant jusqu'aux frises, gigantesques lanternes, paravents, théières énormes, mandarins, chinoises aux petits pieds. On y voyait le palais de l'empereur, les toits d'or des pagodes, les tours de porcelaine, et au milieu de tous les décors, la fête de la pleine lune avec un feu d'artifice représentant le combat de cet astre cher aux habitants, avec le dragon bleu qui finalement est terrassé, et dans ce cadre exotique, dans ce pays des potiches et des porcelaines, entouré de la milice tigre habillée d'étoffes jaunes rayées de bandes rouges et noires, et qui porte sur ses boucliers d'horribles têtes de méduse, le principal personnage de la pièce, le mandarin Fich-ton-Kan. Et bien, le croirait-on! Ce grand dignitaire, le mandarin à boutons blancs qui représentait l'empereur, fils du soleil, cousin de la lune et des étoiles, ce disciple de Confucius n'était pas solide sur ses jambes, hélas, c'est triste à dire, mais la vérité avant tout, Fich-ton-Kan était gris. Le représentant du souverain avait un faible pour les liqueurs fortes, et cependant, à l'en croire, il n'avait bu que du thé ; or, le thé, n'est-ce pas la boisson nationale du pays? Certes, mais ce qu'il ne disait pas, c'est qu'il l'avait fortement arrosé avec du refino de Catalogne; c'est qu'au lieu de prendre du thé au rhum, il avait pris du rhum au thé ; il fut question un moment d'arrêter la représentation, dans la crainte que cet acteur excellent du reste d'ordinaire, ne compromît la dignité du Céleste Empire. Mais quelle ne fut pas la surprise générale, quand on constata que jamais au contraire il n'avait mieux rempli son rôle.

Tous ses gestes, tous ses mots étaient d'un comique irrésistible; il lui suffisait d'ouvrir la bouche, de tirer son mouchoir ou sa tabatière pour voir la salle se tordre dans des convulsions de fou rire.

On lui fit une ovation.

Cette représentation fut la dernière qui eut lieu à Orizaba. Cette troupe faisait partie de l'avant-garde commandée par le général Douai, destinée à commencer la reprise des opérations devant Puebla. La comédie était finie, le drame allait commencer.

Après Orizaba on trouve sur sa route le village d'Aculcingo, et on arrive aux défilés des Cumbres, chaîne de montagnes qui comprend les grandes et les petites Cumbres. Les premières ont six cents mètres d'altitude, un parcours de trente-huit lacets sur deux kilomètres de long, les secondes trois cents mètres. Ces défilés franchis, on débouche sur le plateau d'Anahuac, dans la zone des terres froides, avec une température moyenne de 15 à 18 degrés, où sont situées les villes de Puebla et de Mexico.

Puebla est une ville ouverte, où les rues se coupent à angle droit, où chaque îlot de maisons appelé cadre forme une forteresse carrée, appuyée d'une façon formidable par les barricades des rues et de nombreux couvents aux murs de plusieurs mètres d'épaisseur, reliés entre eux par des communications couvertes.

Vingt-deux mille hommes commandés par Ortega la défendaient. En outre de la supériorité du nombre, l'ennemi avait en lui cette confiance inspirée par un premier succès, notre premier échec devant Puebla le 5 mai 1862, et qui avait fait dire au général mexicain Berriezabal dans un ordre du jour ces paroles mémorables : « Enfants de l'Anahuac vous avez vaincu les premiers soldats « du monde ; les aigles françaises ont traversé les mers « pour venir déposer au pied du drapeau mexicain les « lauriers de Sébastopol, Magenta et Solférino. »

La colonne française ne comprenait que deux divisions d'infanterie commandés par les généraux Bazaine et Douai, une brigade de cavalerie avec du matériel de siège et des réserves d'artillerie, et aussi quelques escadrons de cavalerie mexicaine alliée, commandés par le général Marquez.

Le suprême commandement était entre les mains du général Forey.

Pour donner au récit plus de vie et plus de couleur locale, nous laisserons la parole à un témoin oculaire, simple fusilier dans un régiment de ligne. Le lecteur voudra bien excuser son langage plus pittoresque qu'élégant.

Je ne vous étonnerai pas mes amis, s'écria-t-il pour débuter, en disant tout d'abord que le siège de Puebla était une entreprise grosse de difficultés. Or, tout le monde sait, qu'avant de procéder à une opération compliquée, on commence toujours par faire un plan. Je ne dis pas certes que les plans réussissent toujours, mais enfin c'est un principe dont on ne doit jamais s'écarter, de même qu'un malade est tenu rigoureusement de mourir conformément aux règles de l'art et aux prescriptions des médecins. Donc on fit un plan; il consistait à commencer l'attaque par le fort San-Javier, qui avec ceux de Loréto et de Guadalupe défendait la ville du côté du nord ; il avait en effet une saillie très prononcée qui facilitait beaucoup l'opération. Alors le général Forey s'adressant au colonel du Barail, lui tint à peu près ce langage, je dis à peu près, car je le tiens d'un cavalier de l'escorte, qui m'a fait de cette conversation, j'ai tout lieu de le supposer, ce qu'on appelle une traduction libre ; et je ne puis qu'en garantir le sens et non les termes. Donc il aurait dit au colonel, en lui montrant trois escadrons de chasseurs. Pendant que les fantassins piochent la terre, voilà des gaillards qui ne font rien, et qui ont l'air de s'amuser comme la bergère aux champs, quand il tombe de la pluie. Comme je n'ai pas de moutons à leur donner à garder, vous allez vous mettre à leur tête et pousser un temps de galop jusqu'à Cholula, qui n'est qu'à cinq lieues d'ici. Cette ville est tellement renommée pour la douceur de son climat, qu'on y vient en villégiature de Puebla et de Mexico. Tâchez d'y entrer sans effusion de sang, dites par exemple, que vous venez y faire une saison pour raison de santé, seulement, il y a sur la route une barranca à franchir et deux mille cavaliers ennemis de l'autre côté à culbuter. On les culbutera, mon général, répondit tranquillement le colonel. Je dois aussi vous dire, continua le général, que Cholula n'est pas seulement une résidence charmante, c'est en même temps la ville sainte du Mexique. Son téocalli ou temple bâti sur une pyramide plus grande que celle de Chéops est consacré à Quetzalcoat, dieu de l'air et du soleil, et comme c'est un lieu de pèlerinage, je crois, réflexion faite, qu'il vaudrait peut-être mieux prétexter des devoirs religieux à remplir et vous faire passer pour pèlerins ; et si l'on s'étonne de vous voir à cheval et en armes, vous répondrez que c'est pour faire plus d'honneur au Dieu mexicain ; ça vous éviterait des difficultés avec lui.

Le colonel du Barail avait l'intelligence prompte et l'exécution rapide. Deux heures après la barranca était franchie, les cavaliers ennemis sabrés et mis en déroute, et ces pèlerins étranges qui portaient des sabres au lieu de bourdons, faisaient dans la petite ville de Cholula, par les portes toutes grandes ouvertes, une entrée sensationnelle.

Deux cents mexicains furent tués, cinquante faits prisonniers. De notre côté, nous n'eûmes que trois hommes tués et dix-neuf blessés ; c'était un bon début.

Pendant ce temps-là on continuait activement les travaux devant le fort San-Javier. En quelques jours quatre parallèles furent successivement établies, la dernière à soixante-dix mètres seulement du fort.

Le 29 mars, à cinq heures du soir, sur l'ordre du général Forey, le général Bazaine donne le signal de l'assaut. Le premier bataillon de chasseurs à pied, commandant de Courcy, le deuxième bataillon du 2ᵉ zouaves, commandant Gautrelet s'élancent malgré une fusillade terrible, dans un bâtiment de réduit qu'on appelle le pénitencier où se trouvaient sept cents mexicains et leur font danser une sarabande, dont le fandango national ne pourrait donner qu'une faible idée. Je n'y étais pas, mais j'en ai entendu parler. Ce fut parait-il dans une grande salle où l'on voyait à peine clair, entre quatre murs, que la chose se passa. Ce fut une jolie tuerie à l'arme blanche, une effroyable et sinistre sauterie, où les danseurs glissaient sur des mares de sang, où la mesure était marquée par les clameurs des combattants, et les râles des mourants.

Malheureusement, cette fantaisie chorégraphique nous coûta cher. Le général de Laumière fut blessé à mort. Nous eûmes six officiers tués, treize blessés, vingt-six sous-officiers et soldats tués, et cent quatre-vingt-neuf blessés. Malgré tout, l'élan était donné ; enhardis par ce premier succès, nos soldats avaient bon espoir. Hélas ! il fallut en rabattre ; à peine avaient-ils fait quelques pas qu'ils furent arrêtés par des constructions massives, où l'on aurait pu percer des chemins de ronde comme dans les donjons du Moyen-Age ; l'artillerie elle-même, les mines, les pétards, furent impuissants contre les murailles épaisses et des îlots de maisons fortifiées ou cadres, que pour mieux reconnaître, on numérota de 1 à 158.

Des pièces de montagne furent hissées sur les étages supérieurs du pénitencier ; et de là, on ouvrit une brèche dans le couvent de Guadalupita, cadre n° 2. Dans la nuit du 31 mars, le 18ᵉ bataillon de chasseurs à pied s'en empara, ainsi que de la maison voisine, cadre n° 9. Les cadres 8, 7, 6, 5, 3 et 25 qui se trouvaient en dehors d'une nouvelle enceinte établie par l'ennemi, et pour cette raison faiblement défendus, furent occupés facilement, et dans la nuit du 2 au 3 avril, on commença l'attaque du cadre 26. Jusque-là, le succès avait à peu près couronné nos efforts. Mais les jours se suivent et ne se ressemblent pas.

Un détachement du 2ᵉ zouaves parvient à s'introduire dans une chambre obscure, sans autre issue qu'un porche étroit sur lequel deux obusiers sont braqués. Le capitaine Lalanne y pénètre avec trente hommes, et arrive dans une cour dont les murs sont crénelés, les escaliers détruits et les issues barricadées. La mitraille, les grenades, la mousqueterie se croisent dans cette cour avec une telle intensité, qu'en un instant tous sont blessés ; et comme il n'y a pas dans le matériel du régiment, de parapluies capables de résister à une pareille averse, la place, on le comprend, fut évacuée en un clin d'œil. Une semblable aventure attendait le commandant de Longueville qui avait envahi le cadre 27 avec deux compagnies du 51ᵉ de ligne. De même que son collègue des zouaves, il dut se hâter de battre en retraite sans demander son reste. Cette opération était d'autant plus délicate que les plus valides emportaient les blessés sur le dos ; je ne sais si ces derniers, dont le corps servait de cuirasse à ceux qui étaient dessous, s'accommodaient fort de cette façon d'aller. Mais on ne pouvait faire autrement.

Le 4 avril, on renouvelle l'attaque du cadre 26 et on entreprend celle du cadre 31.

Le 6 avril, six compagnies de zouaves tentent l'assaut. Echec complet ! Ces derniers combats sont la répétition des autres.

C'est toujours la même représentation qui tient l'affiche, avec ses multiples tableaux : 1° les chambres noires ou les antichambres de la mort ; 2° la cour de l'exécution avec ses murs garnis de créneaux et ses voûtes percées de machicoulis ; 3° la pluie de feu ; 4° la retraite au pas de course, sous l'averse meurtrière avec les blessés sur le dos, qui rappelait celle d'Enée, le Troyen, fuyant à travers les flammes avec son père Anchise. Dans cette dernière rencontre, le capitaine Michalon fut tué, et le lieutenant Galland fait prisonnier.

La situation était grave, tellement grave que les principaux chefs se réunirent en conseil pour délibérer. On agita la question de savoir s'il fallait lever le siège ou le poursuivre. Finalement, il fut décidé que l'on continuerait à marcher dans le sentier de la guerre, comme disent les Peaux-Rouges. On décida également que l'attaque des cadres serait momentanément suspendue. Cette mesure était sage.

En plaine, au contraire, la victoire continuait à nous rester fidèle. Le commandant de Tucé, avec deux escadrons de chasseurs, mit en déroute huit escadrons mexicains commandés par Carbazal et Etchegaray. Le général mexicain Porfirio Diaz succomba dans l'action.

En dépit de ce léger succès, il n'y avait pas lieu, comme vous voyez, mes amis, de chanter *Alleluia* ; et il était à craindre que notre premier échec devant Puebla n'eût une seconde édition. Heureusement pour nous, les munitions commençaient à manquer dans la place : les vivres aussi se faisaient rares. On n'en était pas encore à tirer à la courte paille, comme dit la chanson, pour savoir qui serait mangé ; mais nous savions de source certaine qu'il y avait dans les estomacs de la population des tiraillements sérieux. Aussi faisait-on bonne garde autour de la ville pour qu'aucun convoi n'y pénétrât.

Sur l'ordre du général Forey, on commença des travaux d'approche contre les forts Carmen et Totimohuacan qui offraient à l'attaque des points plus vulnérables, et le général Douai s'occupa d'activer les cheminements dans l'intérieur de la ville.

Dans la nuit du 13 avril et les jours suivants, l'ennemi fit quelques sorties pour favoriser l'entrée d'un convoi dans la place. Mais nos sentinelles veillaient ; les sorties furent repoussées et le convoi enlevé ; triste nouvelle pour les habitants !

Il n'y avait donc qu'à patienter et se contenter de maintenir le blocus aussi serré que possible ; prise par la famine et le manque de munitions, la place était bien forcée de capituler, n'est-ce pas votre avis, camarades ! Malheureusement, on ne me demanda pas mon opinion ; le croiriez-vous ! on recommença l'attaque des cadres, cette entreprise néfaste qui avait toujours abouti à un échec. On s'empara facilement des cadres 26, 27, 28 et 30 qui n'étaient pas défendus ; puis avec de l'artillerie placée dans le dernier cadre, et avec des mines, on ouvre une brèche dans le couvent Santa-Inès, cadre 52, et le 25 avril, sur l'ordre du général de Castagny, huit compagnie du 3ᵉ bataillon du 1ᵉʳ zouaves, commandant Melot, capitaine Devaux l'envahissaient par deux côtés à la fois.

Malheureux zouaves. Il en est des régiments comme des hommes ; il y en a qui n'ont pas de chance ; le 1ᵉʳ zouaves n'avait déjà pas eu trop à se louer de ses précédentes relations avec le cadre 34 ; il allait cette fois faire connaissance avec un cadre bien autrement dangereux, le cadre 52, puisqu'il devait gagner le record du jeu de massacres.

Derrière la brèche ouverte dans le mur d'enceinte, se trouve une grille en fer que les boulets sont impuissants à abattre. Quatre retranchements successifs lui font suite, enfin, derrière le dernier parapet, on aperçoit les bâtiments du couvent Santa-Inès avec tireurs aux créneaux, aux fenêtres, et sur les terrasses. Deux mille mexicains concentrent leur tir dans cet espace étroit. Tels étaient les obstacles à surmonter ; qu'en dites vous ? Il est probable que si l'on avait demandé préalablement leur avis aux zouaves, ils auraient répondu, à l'unanimité ; allons-nous en. Mais les chefs avaient commandé : il fallait obéir ; ils savaient d'avance qu'ils marchaient à la mort, et cependant, ils allaient quand même, poussés par le sentiment du devoir. Il n'allèrent pas loin, à peine dépassèrent-ils la grille de fer. Ils tombaient sous les balles, comme les gerbes de blé sous la faulx du moissonneur, et si le clairon n'eût sonné la retraite, le bataillon tout entier eût été couché sur le sol.

Nous eûmes dans cette affaire, 13 officiers tués, 5 blessés 27 hommes tués, 127 blessés, 176 disparus.

C'était notre quatrième échec du même genre ; il nécessita un nouveau conseil de guerre, où cette fois la question de l'attaque des cadres fut définitivement écartée. On décida qu'on se contenterait de bloquer étroitement la ville, et qu'on reprendrait les travaux d'approche des forts Carmen et Totimohuacan.

J'arrive maintenant au dernier combat qui précéda de quelques jours, et décida en partie de la capitulation de la ville ; j'en parlerai savamment et avec plaisir, car je faisais partie du détachement. Donc, si je n'ai pas gagné la bataille, je peux bien dire que j'ai contribué à la victoire, ce combat est celui de San-Lorenzo. Il avait été précédé d'une attaque de cavalerie à San Pablo-del-Monte par le général de Comonfort, repoussée par nous, mais où le capitaine Foucaud avait été tué.

Le village de San-Lorenzo est situé à 4 ou 5 lieues de Puebla. Le général de Comonfort y avait concentré des forces importantes, dans le but de faire rentrer dans Puebla un convoi de ravitaillement. Le général Forey résolut de l'en déloger. Sur son ordre le général Bazaine partit dans la nuit du 7 au 8 mai avec 2 bataillons de ligne, 1 bataillon de zouaves, 1 bataillon de tirailleurs algériens, 1 section d'artillerie de montagne, 1 section d'artillerie de la garde, 1 section du génie, 3 escadrons de chasseurs d'afrique, et 1 escadron de cavalerie auxiliaire commandé par Marquès. Pour un vieux troupier comme moi, à qui les promenades militaires depuis la Véra-Cruz avaient rendu la marche et le port du sac faciles, cette étape n'était qu'un jeu. Je n'avais pas été toujours aussi brillant, il faut bien l'avouer. Je me vois encore, à mon départ de la Véra-Cruz, accomplissant péniblement, oh combien, mes deux premières étapes de la Tézéria et de la Soledad, elles avaient été mes premiers pas dans la carrière et je sens encore sur mes épaules le sac gigantesque qui avec son chargement complet, c'est-à-dire la couverture roulée, les piquets de tente, la toile de tente, la batterie de cuisine, sans compter 4 jours de vivre, grandissait ma taille d'au moins 40 centimètres, et donnait à ma démarche un balancement gracieux qui rappelait celui des hommes de mer.

Nous partîmes à une heure du matin, silencieusement, à la file indienne; il s'agissait de surprendre l'ennemi, par conséquent, défense expresse de fumer et de causer. Nous avions pris la route de Mexico, puis après avoir repassé le village de Cuantlancingo, nous la quittâmes brusquement, pour prendre à travers champs. Nous tombons sur une grand-garde ennemie: *quien viva*, crie une sentinelle? *amigo*, répond un mexicain de la cavalerie alliée; et nous passons, sans être reconnus. A 4 heures 1/2, rencontre d'un avant-poste; cette fois, l'aube va paraître; le chant de l'alouette matinale a remplacé celui du rossignol; impossible de se dissimuler. On enlève le poste, avant qu'il n'ait le temps de se reconnaître, et on arrive à une barranca (chemin creux) dont la traversée retarde un peu le mouvement. On aperçoit alors, à 2 kilomètres au loin sur les hauteurs, les collines de San-Lorenzo fortifiées, et dont les retranchements sont garnis d'artillerie ; à 1,200 mètres cette dernière ouvre le feu, la nôtre riposte, puis, à 800 mètres, les colonnes d'assaut sont formées, le tambour bat la charge, le clairon sonne l'air connu et entraînant : il y a la goutte à boire là-haut ; les fantassins mettent baïonnette au canon, les cavaliers sabre au clair, et tous s'ébranlent dans un élan formidable. C'est une marée montante qui emporte tout ; les défenseurs des retranchements sont balayés comme les feuilles d'automne par un vent d'orage, huit cents zapadores qui s'étaient retranchés dans l'église de San-Lorenzo en sont expulsés dans un terrible combat à l'arme blanche. Bref, la 1re division de Comonfort, la plus grande partie de la 2e sont mises complètement en déroute et rejetées dans le rio de l'Atoyac. Le convoi presque tout entier resta entre nos mains. Résultat immense : 3 drapeaux, 13 fanions, 8 canons furent pris, 7 à 800 mexicains furent tués, 1,200 faits prisonniers. Le général Marquez avec la cavalerie alliée poursuivit les fuyards jusque dans les plaines de Tlascala.

Donc, comme on le voit, nous avions acquis beaucoup de gloire ; c'est incontestable ; mais ce qui ne l'était pas moins, c'est que nous n'avions rien dans l'estomac ; or, comme la nature a une sainte horreur du vide, on ne s'étonnera pas que nous ayons cherché immédiatement à le remplir.

Ayant avisé, moi et deux ou trois de mes camarades une fonda (sorte d'auberge) nous y entrâmes avec l'intention de nous restaurer. Nous ne pouvions arriver dans un meilleur moment, justement, la table était mise, et pas un convive autour, sur la table il y avait une appétissante omelette, des tortillas de maïs chaudes (espèces de crêpes) roulées autour de hachis, un plat de fricoles (haricots rouges) tout préparés. Dame ! *Væ victis !* malheur aux vaincus ! Du reste, comme je l'ai dit, il n'y avait personne ; nous fîmes comme bien on pense, honneur au repas, et une grimace épouvantable, en mangeant les haricots. La sauce rouge à laquelle ils étaient accommodés était faite avec un piment du pays très fort, auquel nos palais européens n'étaient pas accoutumés ; nous calmâmes le feu de notre gosier en buvant de nombreux verres de pulque, boisson que l'on fabrique avec la sève du maguey, sorte d'aloès gigantesque de 2 à 3 mètres de haut, et autant de large, qui fraîche a un goût très agréable de limonade gazeuze, et plus vieille, ressemble un peu à du vin blanc. Ce fut un très agréable repas, d'autant plus agréable que la note ne nous fût pas présentée.

Le dénouement approchait, le 12 mai, à 7 heures du soir, une 2ᵉ parallèle était ouverte à 250 mètres du fort de Totimehuacan.

Dans le courant de la journée, le général Mendoza demandait un armistice qui lui fut refusé.

Le 17 mai, à 1 heure du matin, le général Ortega faisait sauter ses munitions et demandait à capituler.

La garnison débandée sort de tous côtés, et la ville est occupée par un bataillon de chasseurs à pied.

Le 19 mai, les drapeaux français et mexicains sont hissés sur les tours de la cathédrale, et le général Forey fait dans la ville son entrée solennelle ; il est reçu à la porte de l'église par le clergé mexicain, qui célèbre une messe d'actions de grâces, et chante un « Te Deum ».

La capitulation fit tomber entre nos mains 26 généraux, 300 officiers supérieurs, 11,000 sous-officiers et soldats, et 150 pièces de canon.

Telles furent, mes chers camarades, les sanglantes péripéties du siège de Puebla.

Maintenant, j'ai fini, si vous êtes contents, moi aussi ; seulement le récit m'a altéré, et j'accepterais volontiers quelques rafraichissements.

Ainsi parla le conteur; je l'avais écouté avec d'autant plus d'intérêt que je connaissais le pays où les scènes s'étaient passées. J'avais présenté les armes au monument de Camérone, j'avais erré à l'aventure dans les rues de « la Puebla de los Angeles », la cité des anges, comme disent les mexicains ; dans Mexico, entre dix heures et minuit, à l'heure ou les rues sont désertes, où le silence n'est troublé que par le cri du sereno ou veilleur de nuit, où le lépéro mexicain caché dans l'ombre, attend le moment favorable pour frapper d'un coup de son cuchillo (1) le soldat francais attardé, j'avais fait à différentes reprises, sans autre arme que ma baïonnette, douze kilomètres pour rendre l'appel à la place ; enfin, j'avais eu l'honneur insigne, avec quatre-vingts hommes de la légion sous les ordres du lieutenant Bastidon, d'être cerné pendant cinq jours, du 1er au 5 mars 1866 dans l'église de la petite ville de Parras par les forces réunies d'Escobedo, et de Gonzalès-Herrera. Sommés de nous rendre, nous avions répondu par un refus énergique. Il avait même été question en haut lieu, pour récompenser cette belle défense, de nous faire passer au nombre des compagnies d'élite en nous accordant à tous les épaulettes de voltigeurs ou de grenadiers ; mais j'ignore pour quelle cause on nous oublia. Peut être que si nous étions morts, on eût fait quelque chose pour nous ; malheureusement ou heureusement, nous avions été secourus à temps.

Aussi terminerai-je cette notice en adressant un adieu mélancolique à cette belle vie d'aventures, dont je viens de revivre quelques pages, où j'avais fait étapes sur étapes

(1) Couteau.

sous la zone torride, emboîtant le pas au drapeau de la France, dont malheureusement l'ombre étaient impuissante à me protéger contre les ardeurs du soleil, et aussi un souvenir ému à mon ancien régiment de la légion, dont les vieux refrains ont charmé si souvent les ennuis de la route, et dont tout récemment à Fleury-aux-Choux, un éloquent orateur rappelait la conduite héroïque au combat du 11 octobre 1870.

RAPPORT

SUR LE

MÉMOIRE QUI PRECÈDE

Par M. le Dr FAUCHON

Messieurs,

Il est doux, si nous en croyons le poète latin, une fois de retour au port, de se rappeler les fatigues éprouvées et les dangers courus : il est doux, si nous nous en rapportons au fabuliste, de pouvoir dire les pieds sur les chenêts :

« J'étais là, telle chose m'avint. »

et bien difficile de résister à la tentation de raconter à nos neveux les aventures de notre jeunesse.

Notre collègue, Monsieur Huard, receveur honoraire de l'Enregistrement, a succombé à la tentation et nous nous en félicitons puisque cette heureuse faiblesse nous vaut un récit alerte et pimpant de ses faits et gestes au Mexique.

Ce qu'il n'a pas vu par lui-même, il le tient de la bouche de témoins véridiques et peu jaloux ; par conséquent c'est comme s'il l'avait contemplé de ses propres yeux.

Donc, notre collègue, qui ne nous cèle pas un instant qu'à vingt ans, il avait la tête près du bonnet, (1) à la

(1) *D'une démission à une réinstallation*, par Abel Huard. receveur de l'Enregistrement. — Orléans, chez Michau et Cie 1890.

suite d'observations justes d'ailleurs, (c'est M. Huard qui parle) tira une courte et brève révérence à très noble et très rigide dame Administration et se proposa de voir du pays pour instruire et former sa jeunesse.

Comme il n'avait pas d'idées bien arrêtées sur les contrées qu'il se proposait de parcourir et que la question logement, nourriture, vêtement, moyens de locomotion l'importunait, il laissa ce souci au gouvernement français : En d'autres termes, il s'engagea dans la légion étrangère.

Le ministre de la guerre ne trompa pas longtemps l'attente de son subordonné, il donna bientôt satisfaction à son humeur vagabonde en l'envoyant sur la terre du Mexique exercer ses talents guerriers et calmer sa bouillante ardeur. C'est ainsi que notre héroïque collègue peut aujourd'hui, dans un récit qui sent la poudre, nous raconter le combat de Camérone et la prise de Puebla.

Notre narrateur, qui ne rêva jamais du bâton de maréchal de France et tourna le dos aux premières avances impériales sous la forme de *sardines* de caporal, n'a jamais eu la noire pensée de nous faire des considérations transcendantes sur les causes et conséquences de la guerre mexicaine : son humeur primesautière ne nous la fait pas à la Bossuet et son récit n'emprunte rien au « *Discours sur l'Histoire Universelle.* »

Ce n'est pas, croyez le bien, Messieurs, impuissance de sa part. Je me figure sans peine que lorsque notre valeureux ami, revenu à ses premières amours, — si toutefois il est permis de s'exprimer ainsi, quand il s'agit de l'Administration de l'Enregistrement et des Domaines, — eut remplacé « *la grande clarinette* » par la plume, et le képi du légionnaire par la calotte bureaucratique, plus d'une fois il dut, au ressouvenir des tueries dont il avait été témoin et acteur, se demander si elles étaient aussi utiles qu'on le voulait bien dire, si l'expédition du Mexique était vraiment « *la plus grande pensée du règne* » ou si elle n'était pas peut-être l'une des plus regrettables erreurs de l'énigmatique politique de ce rêveur éveillé que fut l'empereur Napoléon III.

Monsieur Huard est un sage qui se rappelle l'adage ancien : *Tot capita, tot sensus.* Il garde son sentiment pour lui ; qui oserait lui en faire un grief, puisque la révélation de sa pensée ne changerait rien à la marche des choses ni au cours des astres ?

Notre historien se contente donc de narrer tout simplement les faits, en bon et joyeux tourlourou qu'il était. Il nous présente une tranche de sa vie vécue sous le soleil torride de l'Amérique centrale. En le lisant on croit entendre dans le lointain le bruit des castagnettes, on voit dans l'ombre luire l'éclair d'un prompt cuchillo.

Avec lui dans la « pulqueria » nous mangeons le « tazaso et le queso » nous grignotons « les melates et les tortillas » et à la dérobée buvons un coup de « pulque » Plus d'une fois nous poussons des « caramba » à faire tressauter de peur le « gato » au milieu de son ronron. Les « sombreros, les calzoneras et les zarapes » n'ont plus de secrets pour nous. Nous prenons le frais le soir sur « l'Alameda », nous échangeons un sourire plein des plus douces promesses avec les sémillantes « poblanas et rancheras », et peut-être nous surprenons-nous à déposer un baiser furtif sur les joues roses d'une senorita, en lui murmurant : *muchos gracias !*

Mais le clairon sonne ; adios, amigo ! adios Carmencita querida ! adios Mariquita ! Volons à la gloire et aux combats.

Et aujourd'hui nous entendons notre ancien légionnaire murmurer dans sa moustache devenue grise : C'était le bon temps, et comme il connait ses auteurs, il ajoute : *Dulce et decorum est pro patria mori.*

Mais Dieu soit loué, notre aimable collègue n'a point abandonné son âme guerrière aux champs de Mars et de Bellone, et il nous présente ses compagnons d'armes Belges, Hollandais, Italiens, Allemands, Polonais, Espagnols, Anglais, Hongrois, Canadiens, Portugais, nègres et métis, Turcs et Chinois, sans oublier même quelques Français. Non seulement tous les pays, mais toutes les professions sont représentées et plutôt mal que bien, depuis le forçat en rupture de ban jusqu'au notaire en rupture d'étude ; depuis le docteur ès sciences jusqu'au cocher de fiacre ; depuis le banquier décavé jusqu'à l'assassin d'occasion ; depuis le prince jusqu'au vilain.

On ne saurait décider si leur vie est précieuse, ce qu'on peut affirmer c'est qu'ils la prodiguent et la jouent avec la dernière témérité, voulant sans doute laver dans leur sang les taches d'une vie antérieure, et tous sont bien de ces soldats dont Napoléon disait : « *Ce sont toujours les mêmes qui se font tuer.* »

Notre collègue fut un vaillant parmi les vaillants.

Le récit de M. Huard est vécu, écrit à la bonne franquette, à la pointe de la baïonnette, dirions-nous volontiers, et assaisonné de sel gaulois.

Nous ne doutons pas, Messieurs, que vous n'ayez à le lire, le même plaisir que nous avons éprouvé à l'entendre. D'ailleurs n'est-ce pas d'épisodes personnels qu'est faite l'Histoire vraie ? car, quoi qu'on en dise, il y a encore des histoires vraies ou du moins pouvant passer pour telles.

Nous demandons donc à notre Société de vouloir bien accorder l'hospitalité de son bulletin à l'intéressante et très vivante communication de notre distingué collègue.

www.ingramcontent.com/pod-product-compliance
Lightning Source LLC
Chambersburg PA
CBHW061015050426
42453CB00009B/1451